When the Earth Took Its First Breath

Melissa Nevarez

Copyright 2025 Melissa Nevarez
All Rights Reserved

Before there was sky, before there was land,
Antes del cielo, antes de la tierra,

All was silent, quiet, and grand.
Todo era silencio, suave y grandeza.

No rivers danced, no stars would gleam—
No había ríos que danzaran ni estrellas que brillaran—

Just Tonantzin, inside a dream.
Solo Tonantzin, dentro de un sueño.

She held a seed, a golden spark—
Sostenía una semilla, una chispa dorada—

A sleeping world, silent and dark.
Un mundo dormido, silencioso y oscuro.

She sang a song both fierce but tender,
Cantó una canción feroz pero tierna,

And placed the seed in space and time.
Y colocó la semilla en el espacio y el tiempo.

She wrapped it in her sacred breath—
La envolvió en su aliento sagrado—

In wind and stone, in life and death.
En viento y piedra, en vida y muerte.

She called her children, four in all,
Llamó a sus hijos, cuatro en total,

To help the newborn planet stand tall.
Para que el Nuevo planeta se levantara alto.

Quetzalcoatl soared through air,
Quetzalcóatl surcó el aire,

Giving trees their emarald hair.
Dando a los árboles su cabello de hojas.

He danced with birds and whispered breeze—
Bailó con los pájaros y susurró la brisa—

The wind was born among the trees.
El viento nació entre los árboles.

Tlaloc wept with joy and might,
Tlaloc lloró con alegría y poder,

Filling rivers, lakes, and night.
Llenando ríos, lagos y la noche.

Rain kissed the soil, the oceans grew—
La lluvia besó la tierra, los océanos crecieron—

And life awakened in the dew.
Y la vida despertó en el rocío.

Xiuhtecuhtli, crowned in flame,
Xiuhtecuhtli, coronado en llamas,

Lit the sun and carved its name.
Encendió el sol y grabó su nombre.

He warmed the caves, the deserts dry,
Calentó las cuevas y los desiertos secos,

And placed the fire in every eye.
Y colocó el fuego en cada ojo.

Chicomecoatl, gentle and bright,
Chicomecóatl, suave y brillante,

Grew fields of corn in golden light.
Cultivó campos de maíz bajo luz dorada.

She fed the land with food and grace,
Alimentó la tierra con comida y gracia,

And left her blessings every place.
Y dejó sus bendiciones en cada lugar.

When the Earth Took Its First Breath

But something still was missing there—
Pero algo aún faltaba allí—

No beat, no drum, no pulse of care.
Sin latido, sin tambor, sin pulso de cuidado.

The Earth was quiet, calm, and still...
La Tierra estaba tranquila, en calma y quieta...

Tonantzin listened. Then, she knelt.
Tonantzin escuchó. Entonces, se arrodilló.

When the Earth Took Its First Breath

She whispered softly to the stone,
Susurró suavemente a la piedra,

A lullaby in ancient tone.
Una nana en tono ancestral.

She sang of rivers, roots, and sky—
Cantó de ríos, raíces y cielo —

And Earth let out a newborn cry.
Y la Tierra soltó un llanto recién nacido.

Ba-dum... Ba-dum... the rhythm came,
Ba-dum... Ba-dum... el ritmo llegó,

A pulsing beat, a sacred flame.
Un latido pulsante, una llama sagrada.

It echoed deep in mountain bone—
Resonó en lo profundo de los huesos de la montaña—

The Earth had found its voice, its own.
La Tierra había encontrado su propia voz.

Tonantzin smiled, her work complete,
Tonantzin sonrió, su obra completa,

The Earth now danced with living feet.
La Tierra ahora danzaba con pies vivos.

Its breath was wind, its blood was rain,
Su aliento era viento, su sangre era lluvia,

Its dreams were sun and corn and flame.
Sus sueños eran sol, maíz y llama.

She placed a spark in every being,
Colocó una chispa en cada ser,

So Earth's own heart would never hide.
Para que el corazón de la Tierra nunca se escondiera.

And if you sit and breathe in deep,
Y si te sientas y respiras profundo,

You'll feel the pulse beneath your feet.
Sentirás el pulso bajo tus pies.

The wind still sings, the rivers flow,
El viento aún canta, los ríos fluyen,

The fires burn, the gardens grow.
El fuego arde, los jardines crecen.

And when we care and live with grace—
Y cuando cuidamos y vivimos con amor—

We keep Earth's heart in its right place.
Mantenemos el corazón de la Tierra en su lugar.

So, every time you hear a drum,
Así que cada vez que escuches un tambor,

A thunder roll, a humming bird hum—
Un trueno rodar, un zumbido al volar—

Remember who you are, and then,
Recuerda quién eres, y luego,

Protect the world you live within.
Protege el mundo en el que vives.

For Earth's first breath was born from love,
Porque el primer aliento de la Tierra nació del amor,

From ancient skies and stars above.
De cielos antiguos y estrellas arriba.

Its heartbeat calls for you to hear,
Su corazón late para que lo escuches,

To walk with care, and draw it near.
Para que camines con cuidado, y lo abraces a ti.

And as you dream, both wild and wide,
Y mientras sueñas, salvaje y libre,

The Earth still beats, right by your side.
La Tierra aún late, justo a tu lado.

So, sleep, mi vida, safe and bright—
Así que duerme, mi vida, segura y brillante—

Held in Earth's rhythm, love, and light.
Abrazada por el ritmo, el amor y la luz de la Tierra.